Liebe Leserinnen und Leser,

heute machen viele Menschen ihre ganz eigenen Fastenerfahrungen, Christen wie Nichtchristen. Sie fasten aus verschiedenen Motiven – für den Frieden, für das Leben. Das Fasten ist Mittel und Zeichen ihres Engagements für ihre Ziele. Manche fasten, um sich zu beweisen, dass sie sich selbst beherrschen können. Andere aus sozialen Gründen. Sie wollen die Idee des Miteinander-Teilens am eigenen Leib erfahren und verzichten daher auf Essen und Trinken, um anderen zu helfen. Wieder andere fasten, um ihr Beten und Meditieren zu intensivieren. Und dann gibt es viele, die der Gesundheit wegen fasten. Sie essen weniger, um schlank zu bleiben oder um von Krankheiten befreit zu werden.
Aus welchen Gründen Sie auch immer fasten: Ich wünsche Ihnen von Herzen, dass Sie diese Zeit beflügeln möge. Denn in diesem Fastenkalender möchte ich Anregungen geben, wie wir die vierzig Tage vor Ostern dazu nutzen können, Belastendes hinter uns zu lassen. Damit es wirklich eine selige Zeit für uns wird, die uns den Mut schenkt, den gewohnten Boden zu verlassen und Neues zu wagen.

Ihr Pater Anselm Grün

SEHNSUCHT NACH VERÄNDERUNG

ASCHERMITTWOCH

In der christlichen Spiritualität geht es nicht so sehr um Veränderung, sondern eher um Verwandlung. Im Gegensatz zu Veränderung bedeutet Verwandlung, immer mehr ich selbst zu werden. Ich würdige mich so, wie ich geworden bin. Aber ich bin noch nicht, wer ich von meinem Wesen her sein könnte. Das gilt auch für die anderen: Ich traue ihnen zu, dass sie sich wandeln. Doch dazu muss ich sie erst einmal bedingungslos annehmen. Nur was wir annehmen, kann sich wandeln. Was wir ablehnen, bleibt an uns bzw. am anderen hängen.

SEHNSUCHT NACH VERÄNDERUNG

DONNERSTAG NACH ASCHERMITTWOCH

Oft sind es schmerzliche Erfahrungen, die in uns eine Verwandlung bewirken. Natürlich geschieht nicht automatisch ein Wandel, wenn uns jemand verletzt. Es kommt immer darauf an, wie wir mit diesen Erfahrungen umgehen. Wichtig ist zu lernen, zum Beispiel die Erfahrung von Ausgrenzung als Herausforderung zu nehmen, mehr Selbstvertrauen zu entwickeln, die eigenen Stärken zu entfalten und sich mit dem Alleinsein auszusöhnen. Dann kann das Alleinsein auch zu einer Quelle von Lebendigkeit und Kreativität werden.

In der Sehnsucht nach Verwandlung steckt letztlich die Sehnsucht, dass ich mehr und mehr hineinwachse in das einmalige Bild, das Gott sich von mir gemacht hat und das meinem Wesen, meiner inneren Schönheit entspricht.

FREITAG NACH ASCHERMITTWOCH

SEHNSUCHT NACH VERÄNDERUNG

SEHNSUCHT NACH VERÄNDERUNG

SAMSTAG NACH ASCHERMITTWOCH

Die christliche Antwort auf Veränderung ist Verwandlung. Verwandlung ist sanfter. Sie sagt: Alles, was ist, darf sein. Ich würdige mich, so wie ich geworden bin. Aber ich spüre, dass das Eigentliche noch nicht zum Vorschein gekommen ist. Das einmalige Bild, das Gott sich von mir gemacht hat, mein innerstes Wesen, müsste durch alles, was ich bin und an mir festelle, ausstrahlen. Ich soll nicht ein ganz anderer werden, sondern so werden, wie ich eigentlich gemeint bin, wie es meiner tiefsten Berufung entspricht.

MUT SAMMELN

ERSTER FASTENSONNTAG

Wer nur aus Angst fastet, etwas Schädliches zu essen, dem nützt es gar nichts, für den wird es zu einem Zwang. Und dem nützen auch die noch so sorgfältig ausgesuchten reinen und giftfreien Speisen nichts. Es kommt immer auf das gesunde Maß an. Wir sind es uns schuldig, bewusster mit dem Essen umzugehen. Doch wer zu viel Energie auf die Auswahl seiner Lebensmittel verwendet, bei dem hat sich das Gleichgewicht verschoben. Gesunde und fromme Gedanken würden viel eher zu seiner Gesundheit beitragen als das ängstliche Sorgen und Kreisen um sich selbst.

Heute fehlt vielen Menschen der Wagemut. Sie wollen sich lieber absichern und versichern, dass ja alles gutgeht. Doch das Leben lässt sich nicht versichern. Es muss gewagt werden. Es gibt immer viele vernünftige Gründe, um sich davor zu drücken. Da brauchen wir die Tugend der Hoffnung, die uns Mut macht, das Wagnis des Lebens einzugehen.

MONTAG DER ERSTEN WOCHE

MUT SAMMELN

MUT SAMMELN

DIENSTAG DER ERSTEN WOCHE

Für Benedikt ist die zentrale spirituelle Haltung die Demut. Im Gebet bedeutet Demut, dass ich mich vor Gott hinhalte mit allem, was in mir ist, auch mit meinen Schattenseiten, dass ich vor Gott spüre, wer ich als Mensch bin, wie weit ich hinter dem Bild zurückbleibe, das Gott sich von mir gemacht hat.

MUT SAMMELN

MITTWOCH DER ERSTEN WOCHE

Die Tendenz, nur für sich allein zu sorgen, kennen wir alle. Besitz hat immer etwas Trennendes. Diese Neigung, nur für sich selbst zu sorgen, ist unter allen Menschen verbreitet. Wenn wir den Mut finden, unseren Besitz mit anderen zu teilen, dann öffnet uns das für die Gemeinschaft. Dann fühlen wir uns nicht mehr isoliert, sondern getragen und zugehörig. Das ist eine Erfahrung, die mehr beglückt als der Besitz, der immer eine spaltende und isolierende Wirkung hat.

Jeder von uns macht sich konkrete Vorstellungen vom Leben. Und das ist auch gut so. Zugleich sollten wir an die Hoffnung in unserem eigenen Herzen glauben, die uns nach vorne drängt, selbst wenn sich unsere Erwartungen nicht erfüllen. Die Hoffnung kann nicht enttäuscht werden. Das müssen wir uns immer wieder sagen. Dann stehen wir uns nicht mehr mit unserer Angst im Weg, dass unsere Vorstellungen nicht erfüllt werden. Wir gehen mutig ans Werk und wagen unser Leben.

DONNERSTAG DER ERSTEN WOCHE

MUT SAMMELN

MUT SAMMELN

FREITAG DER ERSTEN WOCHE

Glaube heißt: sich für die Möglichkeiten Gottes entscheiden. Und indem ich mich für das entscheide, was Gott mir zumutet, erfahre ich Gott als den Gegenwärtigen, als den, der mit mir geht und mir immer neue Möglichkeiten meiner Existenz, aber zugleich neue Möglichkeiten für unsere gemeinsame Welt eröffnet.

MUT SAMMELN

SAMSTAG DER ERSTEN WOCHE

Jeder Weg ist auch ein Wagnis: Wir wissen nicht, was uns hinter der nächsten Kurve, auf dem nächsten Gipfel erwartet. Das deutsche Wort »Wagnis« stammt vom Verb »wagen«. Und es meint: Ich lege etwas auf die Waage, ohne zu wissen, wie sie ausschlägt. Ich riskiere etwas und ich kenne den Ausgang der Sache nicht. Es könnte auch schiefgehen. So wird jeder Weg zu einem Bild für unser Leben.

Fasten darf nicht als Selbstbestrafung verstanden werden. Die positive Grundstimmung beim Fasten ist notwendige Voraussetzung dafür, dass es uns bereichert. Wir müssen liebevoll mit uns umgehen. Dann wird uns das Fasten auch ehrlicher uns selbst gegenüber machen. Es wird uns befreien von den vielen Zwängen, denen wir unbewusst unterliegen, und von den vielen Hüllen, mit denen wir unseren eigentlichen Kern zugedeckt haben, von dem Schutt, unter dem wir oft gar nicht mehr frei atmen können.

ZWEITER FASTENSONNTAG

SICH BEFREIEN

SICH BEFREIEN

MONTAG DER ZWEITEN WOCHE

Vergeben ist ein Akt der Befreiung. Ich befreie mich von der negativen Energie, die durch die Verletzung in mir ist. Ich reinige mich von meiner Bitterkeit. Und ich befreie mich von der Macht des anderen. Wenn ich nicht vergeben kann, bin ich immer noch an ihn gebunden. Ich kreise ständig um ihn. Vergeben heißt: weggeben.

Der Glaube ist ein Weg in die Freiheit. Wer in Gott seinen Grund hat, der steht auch dann fest, wenn Menschen um ihn herum anderer Meinung sind. Wenn mir Gott wichtig ist, bekomme ich ein starkes Stehvermögen. Dann verbiege ich mich nicht so schnell. Ich baue mein Lebenshaus auf den festen Grund Gottes und nicht mehr auf den »Sand« der Erwartungen anderer Menschen. Das macht mich wirklich frei.

DIENSTAG DER ZWEITEN WOCHE

SICH BEFREIEN

Wir meinen oft, dass wir weniger werden, wenn wir unsere Arbeit, unsere Kraft, unsere Aufgaben, unsere Bedeutung loslassen. Aber wenn wir unseren äußeren Wert loslassen, dann erfahren wir, dass unser wahrer Wert darin besteht, einfach Mensch zu sein. Und dann wird unser Leben fruchtbar. Andere werden kommen, um bei uns auszuruhen. Sie spüren, dass wir nichts mehr wollen, sondern dass wir einfach nur da sind.

MITTWOCH DER ZWEITEN WOCHE

SICH BEFREIEN

Die Fastenzeit ist eine Trainingszeit, an deren Ende die innere Freiheit wartet. Diese braucht aber ein äußeres Übungsfeld. Sie wächst, indem ich auch frei werde gegenüber meinen Bedürfnissen, was meint, dass ich nicht sofort jedes Bedürfnis befriedigen muss. In der Fastenzeit geht es darum, sich auf einen Wettkampf vorzubereiten. Auf den Kampf mit meinen Leidenschaften, mit meinen Emotionen, mit all den Stimmungen, die mich bestimmen möchten. Das Ziel ist nicht, die Leidenschaften auszurotten, sondern so mit ihnen umzugehen, dass sie mich nicht beherrschen.

DONNERSTAG DER ZWEITEN WOCHE

SICH BEFREIEN

Die Dankbarkeit lehrt mich, dass ich mich auf keiner Fähigkeit und auf keinem Werk ausruhen kann. Ich weiß nicht, wie lange mein Geist noch wach bleibt, wie lange mein Leib bei all den äußeren Belastungen noch mitmacht. Ich habe keine Garantie, dass ich nicht durch einen Unfall oder durch eine Krankheit beeinträchtigt werde. Die Dankbarkeit lehrt mich, all das dankbar anzunehmen, was Gott mir geschenkt hat, aber auch bereit zu sein, es loszulassen, wenn er mich dazu herausfordert. Die Dankbarkeit führt mich zur Gelassenheit.

FREITAG DER ZWEITEN WOCHE

SICH BEFREIEN

Dort, wo wir vor der Welt noch etwas sind, dort, wo wir mit unserem Wissen glänzen können, wo wir noch Besitz haben und uns von unseren Beziehungen her definieren, sind wir in Gefahr, uns daran festzuklammern. Wer sein Ego loslässt, muss weder seine Beziehungen noch sein Wissen verlieren. Aber er wird seinen Wert als Mensch nicht mehr davon abhängig machen. Er hat sich in Gott hinein losgelassen. So ist er wahrhaft frei.

SAMSTAG DER ZWEITEN WOCHE

SICH BEFREIEN

Mit dem gemeinsamen Fasten könnten die Christen viele Gräben überbrücken: Gräben zwischen den Konfessionen, zwischen streitenden politischen Parteien. Im Fasten würde die Kirche nicht als Lehrmeisterin auftreten, die schon alles weiß, sondern sie würde sich als pilgernde Kirche mit allen Menschen guten Willens solidarisieren und gemeinsam mit ihnen nach dem suchen, was uns guttut, was gut für uns und die Welt ist.

DRITTER FASTENSONNTAG

GEWOHNTEN BODEN VERLASSEN

Leben bedeutet, auf dem Weg zu sein. Schon Abraham, der Urvater des Glaubens, hat sich auf das Geheiß Gottes hin auf den Weg gemacht. Und sein Weg beginnt mit dem Ausziehen aus dem Gewohnten und Vertrauten. Gehen bedeutet ferner, immer auf dem Weg zu sein, sich wandernd zu wandeln. Wir können nicht stehen bleiben, sonst bleiben wir auch innerlich stehen, sonst erstarren wir. Gehen heißt, auf ein Ziel hin unterwegs zu sein.

MONTAG DER DRITTEN WOCHE

GEWOHNTEN BODEN VERLASSEN

Ein Weg der Verwandlung besteht darin, dass ich innehalte und dem bisherigen Leben einen Widerstand entgegensetze. So brauchen wir manchmal die Askese, die ein Hindernis gegenüber den bisherigen Gewohnheiten aufbaut. Die Askese ist ein Training, das wir auf uns nehmen, damit sich in uns etwas wandelt. Indem ich zum Beispiel in der Fastenzeit auf etwas verzichte, wächst in mir das Gefühl von Freiheit und Unabhängigkeit. Ich tue also etwas, ich setze mir ein Programm, damit sich in mir etwas wandelt.

GEWOHNTEN BODEN VERLASSEN

DIENSTAG DER DRITTEN WOCHE

Die Fastenzeit lädt uns ein, unsere Gewohnheiten und Rituale zu überprüfen. Tragen sie uns noch? Gute Gewohnheiten und Rituale erkennt man daran, dass sie uns leichtfallen und uns für unsere Aufgaben stärken, weil sie uns mit uns selbst in Kontakt bringen. Der Mensch, der nur an Äußerlichkeiten und oberflächliche Bräuche gewohnt ist, erstarrt. Solche Gewohnheiten kosten Kraft. Das Loslassen solcher Gewohnheiten führt uns wieder in die eigene Lebendigkeit und Gegenwärtigkeit.

MITTWOCH DER DRITTEN WOCHE

GEWOHNTEN BODEN VERLASSEN

Indem ich ein neues Verhalten ausprobiere, wandelt sich meine Seele, wandeln sich meine Gewohnheiten, wandelt sich mein Inneres. Wir müssen unsere Wirklichkeit Gott hinhalten und wir müssen Haltungen ausprobieren, damit sie uns Halt geben. Im Tun und im Ausprobieren von Haltungen und Tugenden geschieht in uns Verwandlung, die aber immer auch geprägt ist von der Gnade Gottes, die all unser Tun begleitet.

DONNERSTAG DER DRITTEN WOCHE

GEWOHNTEN
BODEN VERLASSEN

Loslassen ist nicht nur ein geistliches Tun. Für die Psychologie ist es ein Gesetz menschlichen Wachsens und Reifens. Wir müssen ständig unsere Vergangenheit loslassen, um offen zu sein für die Zukunft. Vergangenheit loslassen heißt, innere Haltungen loslassen. Immer wieder muss ich Gewohnheiten und Vertrautes loslassen, um gegenwärtig sein zu können, um für Neues offen zu sein.

FREITAG DER DRITTEN WOCHE

GEWOHNTEN BODEN VERLASSEN

Ich halte meine Wirklichkeit so, wie sie ist, Gott hin. Ich halte auch das, was in meinen Träumen in mir aufsteigt, Gott hin. Alles darf sein. Ich muss nichts verdrängen. Ich vertraue darauf, dass Gottes Liebe auch in die Tiefen meines Unbewussten eindringt, alles Dunkle in mir erhellt und alles Fehlerhafte durch seine Liebe in die richtige Richtung bringt. Natürlich kann es auch eine Hilfe sein für den Prozess der Verwandlung, dass ich die äußeren Umstände oder Gewohnheiten, in denen ich lebe, verändere. Ich verändere die Bedingungen meines Lebens, damit ich mich verwandeln kann, damit ich immer mehr zu dem oder zu der werde, der oder die ich eigentlich bin.

SAMSTAG DER DRITTEN WOCHE

GEWOHNTEN BODEN VERLASSEN

Das deutsche Wort »neu« kommt vom lateinischen Wort »novus«. Sowohl die Lateiner als auch die Deutschen kennen nur ein einziges Wort für das Neue. Die Griechen dagegen haben zwei Worte: einmal »neos«, dann »kainos«. Neos meint das Neue, das noch jung ist, noch nicht reif ist. Kainos dagegen ist das, was uns fasziniert. Es ist das Ungewohnte, Andersartige, Unerwartete. Neos ist das jugendlich Unreife. Kainos dagegen ist das, was besser ist als das Alte, was eine neue Qualität hat.

VIERTER FASTENSONNTAG

NEUES ZULASSEN

Wenn ich etwas anfange, dann bekomme ich Macht. Das gilt für jeden Anfang, den wir täglich setzen. Der neue Tag, so sagt uns eine russische Weisheit, ist wie ein unberührtes Schneefeld, das noch keiner betreten hat. Manche Menschen stolpern in den neuen Tag einfach so hinein. Sie verpassen die Chance des neuen Anfangs, zu dem uns jeder Morgen einlädt.

MONTAG DER VIERTEN WOCHE

NEUES ZULASSEN

Gott ist der ewig Neue. Er schenkt uns durch Jesus Christus seinen Heiligen Geist, der uns ständig erneuert. In uns ist die Quelle des Heiligen Geistes als ein Brunnen ewiger Neuheit. Das mag für uns ein Gegensatz sein: Was ewig ist, ist alt und bewährt. Doch Gott schafft in uns alles neu.

DIENSTAG DER VIERTEN WOCHE

NEUES ZULASSEN

Selbst wenn alle unsere Vorstellungen vom Leben zerbrechen, wenn unsere Lebensträume sich auflösen, dürfen wir darauf vertrauen, dass Gott uns einen neuen Weg zeigen kann. Das heißt nicht, dass wir die Hände in den Schoß legen und darauf vertrauen, dass Gott unser Scheitern in einen Erfolg verwandelt. Das Vertrauen auf Gott, der auch die Toten lebendig machen kann, soll uns vielmehr stärken, dass wir selbst überlegen, welche Schritte wir tun können, um aus dem Scheitern wieder aufzustehen und mit neuer Hoffnung in die Zukunft zu gehen.

MITTWOCH DER VIERTEN WOCHE

NEUES ZULASSEN

Das Leben zwingt uns immer wieder, einen neuen Anfang zu wagen. Unsere eigene Geschichte ist voll von solchen Neuanfängen. Viele werden müde vom ständigen Neuanfang. Sie möchten gerne im Alten bleiben. Da braucht es den Wagemut. Es ist der Mut, das Leben und mich selbst auf die Waage zu legen, ohne zu wissen, wie die Waage ausschlägt. Jeder Neuanfang ist also auch ein Risiko. Wir riskieren, dass er nicht so gelingt, wie wir es erhoffen. Doch ohne diesen Mut würde unser Leben langweilig. Es würde leere Routine.

DONNERSTAG DER VIERTEN WOCHE

NEUES ZULASSEN

Wer den anderen durch die Brille seiner Projektionen anschaut, wird das Schöne in ihm nicht erkennen. Wer die Natur mit der Brille des Profits wahrnimmt, geht an ihrer Schönheit vorbei, denn er sieht nur den Nutzen in allem. Wir müssen wieder neu lernen zu schauen ohne jegliche Nebenabsichten, zu betrachten und zu bestaunen, anstatt alles auf den eigenen Nutzen zu beziehen. Es ist ein Schauen, in dem wir uns selbst vergessen. Indem wir das tun, sind wir ganz wir selbst, sind wir ganz im Augenblick.

FREITAG DER VIERTEN WOCHE

NEUES ZULASSEN

Das deutsche Wort »anfangen« kommt von anpacken, anfassen, in die Hand nehmen. Neu anfangen heißt daher, das Leben selbst in die Hand nehmen. Ich übernehme die Verantwortung für mein Leben. Ich gestalte es. Ich höre auf, darüber zu jammern, dass ich durch meine Erziehung oder durch meine Veranlagung festgelegt bin. Ich kann immer neu anfangen. Ich kann das, was mir als Lebensmaterial vorgegeben ist, in die Hand nehmen und gestalten.

NEUES ZULASSEN

SAMSTAG DER VIERTEN WOCHE

Die Angst, dass wir krank und schwach werden und unser Leben nicht mehr bewältigen können, ist heute weit verbreitet. Wir sollten Gott nicht darum bitten, dass er uns vor der Schwäche bewahrt. Wir sollen uns nicht darauf fixieren, ob wir schwach werden oder nicht. Wir sollen nur vertrauen: Selbst wenn wir schwach werden, kann das zu einer tiefen spirituellen Erfahrung werden.

FÜNFTER FASTENSONNTAG

VERTRAUEN

Jeder sehnt sich nach Vertrauen und danach, einem anderen blind vertrauen zu können. Aber viele erzählen mir, dass sie in ihrer Sehnsucht nach Vertrauen oft zurückschrecken, wenn der andere wirklich eine Freundschaft mit ihnen möchte. Sie haben Angst, sich ihm so zu zeigen, wie sie sind. Ihr mangelndes Selbstvertrauen hindert sie, Vertrauen aufzubauen. Denn sie spüren, dass Vertrauen Nähe schafft. Und in der Nähe kann man sich nicht mehr verstecken. Diese Offenheit gelingt aber nur dem, der sich selbst traut und der sich selbst so angenommen hat, wie er ist.

MONTAG DER FÜNFTEN WOCHE

Einfachheit kann auch Klarheit bedeuten: Es ist klar, wie die Abläufe in der Familie sind. Diese Klarheit verbindet. Wenn jeden Tag neu diskutiert werden muss, wann und was es zu essen gibt, dann wird das Miteinander anstrengend. Die Einfachheit und Klarheit drücken sich in guten Ritualen aus. Die Kinder können darauf vertrauen, dass Vater oder Mutter diese mit ihnen einhalten. Das gibt ihnen Sicherheit und das Vertrauen, dass die Eltern für sie da sind.

DIENSTAG DER FÜNFTEN WOCHE

VERTRAUEN

Der Glaube kann uns dabei helfen, einen Sinn in unserem Leben zu entdecken. Denn der Glaube deutet unser Leben von Gott her. Und von Gott her bekommt alles einen Sinn, auch das, was wir zunächst nicht verstehen. Wenn ich glaube, dass Gott mich in die Welt gerufen hat, damit durch mich die Welt menschlicher und liebevoller wird, dann hat mein Leben einen Sinn. Dann werde ich jeden Morgen mit diesem Gefühl in den Tag gehen, dass ich heute Licht und Liebe in diese Welt tragen möchte.

MITTWOCH DER FÜNFTEN WOCHE

VERTRAUEN

Hoffnung lässt konkrete Bilder hinter sich. Sie legt sich nicht fest auf bestimmte Erwartungen. Zu hoffen meint, all diese konkreten Erwartungen zu übersteigen und dennoch darauf zu vertrauen, dass mein Leben gelingt, dass Gott meinen Weg segnet. Die Hoffnung hat immer mit Freiheit zu tun. Ich binde sie nicht an konkrete Vorstellungen. Sie atmet die Freiheit, unabhängig von den Bildern den eigenen Weg voller Vertrauen weiterzugehen.

DONNERSTAG DER FÜNFTEN WOCHE

VERTRAUEN

Indem wir anderen eine Freude machen, wächst auch in uns wieder die Freude am Leben. Wir müssen uns dann nicht den Kopf darüber zerbrechen, ob das jetzt egoistisch ist oder nicht, ob wir das nur tun, damit es uns selbst besser gehe. Wir dürfen dem Gefühl trauen, dass es uns und dem anderen guttut. Das ist wohl ein inneres Gesetz der Freude, dass sie sich ausbreiten und zum anderen hinströmen möchte. Und indem sie zum anderen fließt, fließt sie auch zu uns zurück.

FREITAG DER FÜNFTEN WOCHE

VERTRAUEN

Das Vertrauen auf Gott garantiert uns nicht, dass wir nicht krank werden, dass wir nicht in tiefe Depressionen fallen, dass wir keinen Unfall haben, dass wir nicht einmal scheitern können. Aber es gibt uns die Gewissheit, dass uns im Grunde nichts schaden kann, dass unserem Kern nichts zustoßen wird, weil wir in allen Gefahren, in aller Krankheit und in jedem Scheitern von Gottes liebenden Händen gehalten werden und weil Gott alles für uns zum Besten lenken wird. Dieses Vertrauen nimmt uns die Angst vor der Zukunft. Es schenkt uns Gelassenheit und innere Zuversicht.

SAMSTAG DER FÜNFTEN WOCHE

VERTRAUEN

Oft ist es sinnvoller, sich eine maßvolle Disziplin im Essen aufzuerlegen, als in spektakulären Aktionen zu fasten. Das äußere Fasten nützt nichts, wenn es nicht zugleich ein geistiges Tun ist. Aber das geistige Tun braucht auch das körperliche Mitwirken. Wer sich auf das Fasten einlässt, spürt, dass es nicht nur um das Abnehmen geht, sondern um eine neue Lebenseinstellung, um einen neuen Umgang mit Essen und Trinken, aber auch mit der Arbeit und den Lebensgewohnheiten.

PALMSONNTAG

SELIG SEIN

Ein einfacher Lebensstil ist heute für viele Menschen, die bewusst leben, selbstverständlich geworden. Von diesem einfachen Leben sagt Jean Paul: »Man kann die seligsten Tage haben, ohne etwas anderes dazu zu gebrauchen als blauen Himmel und grüne Frühlingserde.« Einfachheit hat für Jean Paul mit Seligkeit zu tun. Wer den blauen Himmel und die grüne Frühlingserde genießen kann, für den ist die einfache Lebensweise ein Weg zum wahren Glück. Wer einen einfachen Lebensstil pflegt, fühlt sich immer schon mit anderen verbunden.

MONTAG DER KARWOCHE

SELIG SEIN

Der zufriedene Mensch ist einverstanden mit seinem Leben. Er hat sich oft auch schwergetan, wenn es nicht so gelaufen ist, wie er sich das vorgestellt hat. Aber er hat sich schnell damit abgefunden und zu allem Ja gesagt. Er sieht sein Leben im Zusammenhang mit dem Leben anderer Menschen. So kann er sagen: Ich bin gesund. Ich habe eine Familie, die mich trägt, in der ich mich wohlfühle. Ich habe einen Beruf, den ich gerne ausübe, der mir Freude bereitet. Der zufriedene Mensch hat sich verabschiedet von Illusionen, die er vielleicht auch einmal hatte. Er nimmt es so, wie es ist.

DIENSTAG DER KARWOCHE

SELIG SEIN

Jesus spricht nicht nur von Selbsterkenntnis, sondern darüber hinaus von Selbstliebe. Es genügt nicht, sich selbst zu erkennen, wir sollen auch liebevoll mit uns umgehen. Sich selbst zu lieben bedeutet, sich anzunehmen, die eigenen menschlichen Mängel zu akzeptieren und wohlwollend auf sich zu schauen. Diese Selbstliebe ist kein narzisstisches Kreisen um sich selbst, sondern sie ist echt, wenn sie verbunden ist mit der Liebe zum Nächsten und zu Gott.

MITTWOCH DER KARWOCHE

SELIG SEIN

Wenn du für dich das Brot brichst, geht dir auf, was beim letzten Abendmahl geschah. Denn Brotbrechen ist nicht nur etwas Praktisches, um das Brot besser essen zu können. Es ist vielmehr voller Symbolik. Ich breche das Brot, damit es für mich Nahrung wird, damit ich davon leben kann. Ich breche etwas Ganzes auseinander, damit das, was in mir gebrochen ist, ganz wird. Wenn das Äußere zerbricht, wird der Weg frei nach innen. Ich öffne mich für die anderen. Meine Gottesbilder zerbrechen, und ich öffne mich für den unbegreiflichen Gott, der in aller Unbegreiflichkeit dennoch Liebe ist: eben eine unbegreifliche Liebe.

GRÜNDONNERSTAG

SELIG SEIN

Jesus sagt: »Wer mein Jünger sein will, der verleugne sich selbst, nehme sein Kreuz auf sich und folge mir nach« (Matthäus 16,24). Er versteht unser Leben als Weg. Wir sollen Jesus auf seinem Weg nachfolgen. Dabei sind zwei Haltungen wichtig: Einerseits geht es darum, von der Herrschaft des eigenen Egos frei zu werden. Andererseits geht es darum, unser Kreuz auf uns zu nehmen. Wir sollen zu unserer inneren Gegensätzlichkeit Ja sagen. Wir müssen Abschied nehmen von der Illusion, dass wir nur spirituell, nur liebevoll, nur selbstbeherrscht und frei sind. Wir sind zugleich gottlos, leer, aggressiv, unbeherrscht und innerlich gefangen. Dieser Weg gelingt nur, wenn wir ihn als Kreuzweg gehen.

KARFREITAG

Am Samstag erinnern wir uns an den Karsamstag, an dem Christus im Grab lag. Wenn wir von einem Grab träumen, dann ist das immer eine Einladung, etwas Altes zu begraben. Ich lasse los, was mich belastet. Ich lasse die Verletzungen meiner Vergangenheit los. Ich verzichte darauf, sie als Vorwurf gegen andere oder als Vorwand zu benutzen, nicht selbst zu leben. Ich lasse auch meine Muster los, die mich am Leben hindern, meine Selbstvorwürfe, meine Selbstbeschuldigungen und Selbstzerfleischungen. Ich begrabe alles, was mich am Leben hindert, im Grab Jesu Christi, damit er es in seiner Auferstehung verwandelt und auch mich als neuen Menschen aufstehen lässt.

KARSAMSTAG

SELIG SEIN

An Ostern feiern wir unsere Hoffnung, dass Gott alles in uns verwandeln wird. Wenn Jesus, der am Kreuz so elend und schmerzvoll starb, von Gott auferweckt wurde, dann dürfen wir darauf hoffen, dass Gott auch in uns alles verwandelt: unsere Dunkelheit in Licht, unsere Erstarrung in Lebendigkeit, unser Scheitern in einen neuen Anfang, unsere Brüche in Aufbrüche und unseren Tod in Leben.

OSTERSONNTAG

SELIG SEIN